LE
VÉRITABLE
DRAGON NOIR
ou les
FORCES INFERNALES
SOUMISES À L'HOMME

UNICURSAL

Copyright © 2017

Éditions Unicursal Publishers

unicursal.ca

ISBN 978-2-9816136-7-7 (PB)
ISBN 978-2-89806-319-0 (HC)

Première Édition, Imbolg 2017

LE DRAGON NOIR

Ou les

FORCES INFERNALES

SOUMISES À L'HOMME

Evocations
Charmes & Contre-Charmes
Secrets Merveilleux
La Main de Gloire
La Poule Noire

Ne lis dans ce Livre
ni le soir, de 1 à 3 et de 7 à 9
ni a minuit.

Fig. 1

Grand Pentacle de Salomon

Fig. 9

Fig. 10

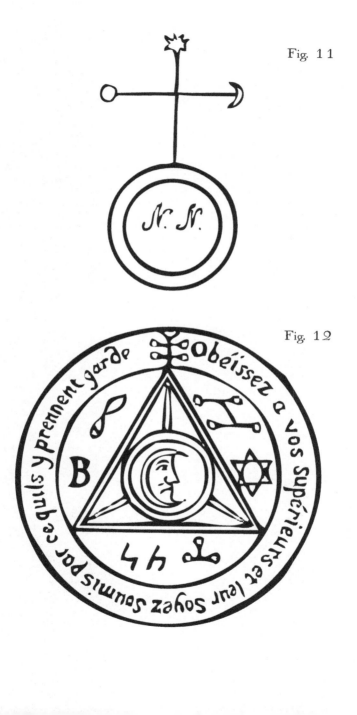

Fig. 11

Fig. 12

Fig. 13

Fig. 14

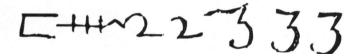

Fig. 15

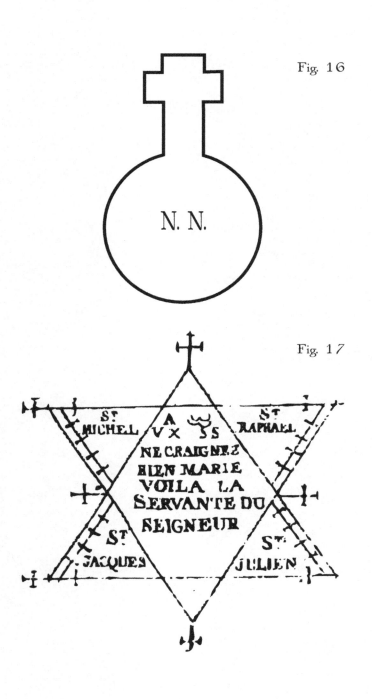

Fig. 16

N. N.

Fig. 17

S.T MICHEL

S.T RAPHAEL

A
V X S S

NE CRAIGNEZ
RIEN MARIE
VOILA LA
SERVANTE DU
SEIGNEUR

S.T JACQUES

S.T JULIEN

Fig. 18

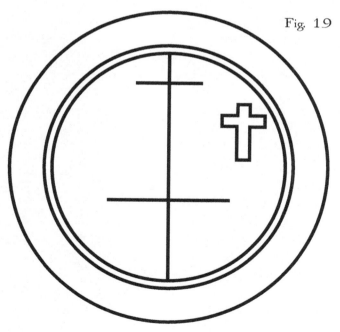

Fig. 19

†

Ce livre est la science du bien et du mal. Qui que tu sois, lecteur, jeune ou vieux, riche ou pauvre, heureux ou malheureux, si ton cœur est tourmenté par l'avarice, jette-le au feu, autrement il sera pour toi la source de tous les maux, la cause de ta ruine et perte totale. Si, au contraire, tu possèdes la Foi, l'Espérance et la Charité, conserve-le comme le plus précieux trésor de l'univers.

Ainsi te voilà averti. Tu es libre de tes actions, mais n'oublie pas qu'un compte sévère te sera demandé de l'usage que tu auras fait des trésors que je mets à ta disposition. Quant à moi, serviteur de Dieu, je décline toute responsabilité, n'ayant écrit ce livre que pour le bien de l'Humanité.

†

Prélude

Ami lecteur, permets-moi de te prendre la main et de faire quelques pas sur l'ardu chemin qui t'est tracé dans cet ouvrage. Pénètres-toi bien de mes conseils et fais-en ton profit. Ce n'est pas chose banale, en effet, que d'avoir des rapports directs avec les démons, car ceux-ci sont nos plus grands ennemis, à toi, à moi et à toute l'humanité, et chaque fois qu'ils peuvent nous faire arriver malheur, il y a pour eux soulagement et joie.

Ils se montreront à toi, selon ton caractère, c'est-à-dire selon ton faible, doux, prévenants, polis et affables, ou tapageurs, emporté et menaçants, dans le but, soit de te tromper, soit de t'intimider, toujours pour ta perte et leur soulagement. Avec

du calme, de la fermeté et ton droit, il te
sera facile d'éviter leurs pièges.

Dès leur apparition devant le cercle,
commence par leur enjoindre d'avoir à ré-
primer toutes les anomalies qu'ils auront
créées : froid, chaud, bruits, mauvaises
odeurs, etc., et cela obtenu, fais-leur jurer
solennellement de ne plus recommencer
à l'avenir.

N'accepte rien d'eux de la main à la
main, et que toutes choses matérielles que
tu en exigeras soient jetées sans bris ni dé-
gâts dans la partie du cercle que tu leur
auras indiquée. Ne perds jamais de vue
que le dit cercle est sauvegarde ; à l'inté-
rieur, tu es maître et roi, au dehors, tu se-
rais aux ordres de l'esprit malin.

Parfois, en faisant un projet d'opération
philosophique, tu pourras noter quelque
chose d'anormal dans l'air que tu respires
ou sous le toit que tu habites, mais ne t'en
inquiète pas ; c'est l'esprit qui s'agite dans
l'impuissance où il se trouve d'empêcher
la réalisation de tes projets ; il connaît tes

plus secrètes pensées, mais il ne peut rien contre toi.

Les cercles ou pantacles se font avec de la craie bénite ou du charbon bénit. Il faut entendre par craie bénite de la craie qui aura demeurée sur ou sous la nappe de l'autel durant la messe ou, si l'on ne peut mieux, simplement sur la pierre bénite ; et par charbon bénit, du charbon tiré du buis de la croix bénite. Pour ce dernier, tu feras ce qui suit : Va au cimetière et prends-y du buis de la croix que tu emporteras chez toi pour le conserver avec soin, car il te servira dans plus d'une occasion. Un matin, pendant que l'on dit la messe à l'église de la paroisse, allume, dans ta maison, un petit feu de bois sec et neuf, c'est-à-dire de morceaux de bois qui n'aient point été tirés d'une pièce ayant servi à quelque usage profane, puis mets-y les morceaux de buis destinés à être changés en charbon. Tu peux te servir, pour recueillir le buis brûlé, d'une pince faite de bois neuf, et d'une boite quelconque neuve fera office d'étouffoir.

Avant de commencer toute opération philosophique, aie bien soin de purifier tes mains et ton corps.

Fais ton cercle avec toute les règles de l'art, d'un diamètre d'au moins douze pieds et de façon qu'il n'y ait aucune place libre, car ce serait une porte pour l'esprit malin.

Prends toujours avec toi, dans le cercle, de l'eau bénite et du rameau bénit, afin que le démon ne te puisse faire aucun mal ; mais pour être sûr d'être obéi en tout sans artifice ni tromperie, munis-toi de la fourche mystérieuse, laquelle s'obtient de la façon suivante : Achète d'abord, sans marchander, un couteau dont la lame sera de pur acier, et le jour qui te conviendra le mieux, trouve-toi au bois avant le levé du soleil. A l'instant où cet astre point à l'horizon, coupe une baguette de noisetier sauvage ayant environ trois pieds pour servir de manche, puis rends-toi chez un serrurier qui te fera une petite fourche droite à deux dents de la lame de ton couteau : Ne te fie en personne dans cette occurrence, et que tout soit fait par toi ou devant toi. Parle et ordonne à l'être immonde en tenant ce livre de la main gauche, et la fourche de la main droite ; celle-ci dans une position horizontale, le fer tourné vers l'esprit. Une table peut être le dépositaire de tous les objets susdits, mais ceux-ci doivent toujours être à la portée de la main. S'il te plaît, tiens allumé, pendant toute la durée de l'opération, un cierge pascal, ou brûle de l'esprit de brandevin dans une lampe uniquement destinée à cette usage : de ce fait, tes forces se trouveront décuplées en mettant, en cas de désobéissance de la part de l'esprit, les dents de la fourche dans la flamme, mais ne fais jamais hors de propos usage de ce moyen.

Plusieurs personnes peuvent se mettre ensemble dans le cercle, mais une seule, le *Karcist*, doit parler à l'esprit ; les autres doivent garder le silence, quand même le démon les interrogerait, les menacerait.

Le présent discours vient en complément de tout ce qui est dit plus loin sur le même sujet, ainsi aie soin de bien interpréter ma pensée : Je te dis que tout ce qui est écrit dans ce livre doit être suivi à la lettre, tout en tirant profit de mes conseils selon les circonstances. Ainsi, le démon exigera toujours de toi, un gage, et tu ne peux pas le lui refuser ; tu ne dois même pas le laisser partir sans lui donner un gage. Ne consens jamais à lui donner un objet tiré de ton corps, cheveux, sang, etc. ; tu dois comprendre que tu ne peux pas non plus lui jeter ton mouchoir, puisqu'un mouchoir dont tu te seras servi contiendra des substances tirées de ton corps. Il en est de même pour certains autres objets qu'il te pourrait demander. En dehors des gages stipulés dans les conjurations ci-après, ce qu'il faut faire, c'est mettre la main à la poche et lui jeter un sous ou la première pièce que tu y trouveras. Lorsque rien de contraire n'est stipulé, le gage se doit immédiatement avant la lecture du renvoi. Pour les travaux philosophiques qui demandent un grand nombre de séances, arrange-toi, mais n'acquiesce qu'à toute convention incapable de te cause dommage, soit présentement, soit pour l'avenir : tu as les moyens de te faire obéir, fais-le.

Si le démon venait à disparaître sans ton consentement, c'est-à-dire sans que tu aies lu le renvoi, mets ta fourche mystérieuse dans la flamme, ou sinon relis la conjuration et, dès qu'il réapparaîtra, reproche-lui vivement sa désobéissance, puis continue tes travaux. En aucun cas, ne sors du cercle sans avoir lu la *conjuration et le renvoi des esprits* : Tu trouveras des prière à la fin de ce volume, je t'engage à en lire quelques-unes avant de mettre les pieds hors de cette enceinte.

L'Esprit ne viendra jamais à toi sans être appelé de cœur en même temps que de bouche, ce qui te prouve une fois de plus qu'il faut être ferme et inébranlable dans ta volonté. Si tu fais l'opération du signe, une fois les esprits en ta présence enjoins à leur chef de se faire connaître et jette à ce dernier un petit rond de parchemin vierge, le conjurant d'y mettre son signe, c'est-à-dire sa marque ; il te le rendra ensuite et tu le colleras à la première page de ton livre : Cette opération faire, c'est-à-dire le livre approuvé et accepté, toute difficulté demeure vaincue, pour toi ou ceux qui te liront, dans les opérations à venir. Tu peux lire ce livre du commencement à la fin, sans danger pour toi, aux heures permises ; tu dois même le faire souvent, afin d'être bien au courant des moindres détails de toute opération que tu puis avoir à exécuter.

Ami lecteur, profites des trésors que j'ai réunis pour toi dans cet ouvrage ; sois heureux et passe sur la terre en faisant le bien. Adieu.

PREMIERE
PARTIE

EVOCATIONS

CONJURATION DES DÉMONS

Au nom du Père, et du Fils, et du Saint Esprit : Alerte, venez tous Esprits. Par la vertu et le pouvoir de votre Roi, et par les sept couronnes et chaînes de vos Rois, tout Esprits des enfers sont obligés d'apparoître à moi devant ce cercle, quand je les appellerai. Venez tous à mes ordres, pour faire tout ce qui est votre pouvoir, étant commandés : Venez donc de l'Orient, Midi, Occident et Septentrion. Je vous conjure et ordonne, par la vertu et puissance de celui qui est trois, Eternel, égal, qui est Dieu invisible, consubstantiel ; et un mot, qui a créé le ciel, la mer, et tout qui est sous les Cieux.

Il faut dire ce qui suit avant le signe du livre.

Je vous conjure et ordonne, Esprits, tous et autant que vous êtes, de recevoir ce livre en bonne part, afin que toutefois que nous lirons ledit livre, ou qu'on le lira, étant approuvé et reconnu être en forme et en valeur, vous ayez à paroître en belle forme humaine lorsqu'on vous appellera, selon que le lecteur le jugera : dans toutes circonstances, vous n'aurez aucunes atteintes sur le corps, l'âme et l'Esprit du lecteur, ni ferez aucune peine à ceux qui l'accompagneront, soit par murmure, par tempêtes, bruit, tonnerres, scandales, ni par lésion, privation d'exécution des commandements dudit Livre. Je vous conjure de venir aussitôt la conjuration faite, afin d'exécuter, sans retardement, tout ce qui est écrit, et mentionné dans son lieu dans ledit Livre : vous obéirez, vous servirez, enseignerez, donnerez, ferez tout ce qui est en votre puissance ; en utilité de ceux qui vous ordonneront, le tout sans illusion. Si, par hasard, l'un des Esprits appelés ne pouvoit venir ou paroître, lorsqu'il serait requis, il sera tenu d'en envoyer d'autres revêtus de son pouvoir, qui jureront solennellement exécuter tout ce que le lecteur pourra demander, en vous conjurant tous par les Très-Saints noms du tout-puissant Dieu vivant. Eloym, Jah, El, Eloy, Tetragrammaton, de faire tout ce qui est dit ci dessus. Si vous n'obéissez, je vous contraindrai d'aller pour mille ans dans les peines, ou si quelqu'un de vous ne reçoit ce Livre avec une entière résignation à la volonté du lecteur.

Ensuite, vous ordonnerez d'apposer le cachet et, cela fait, vous jetterez un gage et lirez la Conjuration suivante :

CONJURATION ET RENVOI DES ESPRITS

Montrer le Pantacle de Salomon et dire :

Voilà votre sentence qui vous défend d'être rebelles à nos volontés, et qui vous ordonne de retourner dans vos demeures. Que la paix soit entre vous et nous, et soyez prêts à revenir toutes les fois qu'on vous appellera pour faire ma volonté.

CONJURATION DES QUATRE ROIS

Ces quatre Conjurations peuvent se dire tous les jours et à toutes heures, et l'Opérateur se servira du Grand Pantacle ou Cercle de Salomon. Si on ne désire parler qu'à un Esprit, on n'en nommera qu'un seul au choix du lecteur.

CONJURATION DU
ROI D'ORIENT

Je te conjure et invoque, ô puissant Magoa, Roi de l'Orient, dans mon saint travail de tous les noms de la Divinité, au nom du Tout-puissant, je te fais commandement d'obéir, à ce que tu aies à venir ou m'envoyer N. sans retardement, présentement Masseyel, Asiel, Satiel, Arduel, Acorib, et sans aucun délai, pour répondre à tout ce que je veux savoir et faire ce que je commanderai; ou bien tu viendras toi-même pour satisfaire à ma volonté : et si tu ne le fais, je t'y contraindrai par toute la vertu et la puissance de Dieu.

CONJURATION DU
ROI DU MIDI

O Egym! Grand roi du Midi, je te conjure et invoque par les très hauts et saints noms de Dieu, d'agir revêtu de tout ton pouvoir, de venir devant ce cercle, ou envoie-moi présentement Fadal,

Nastraché, pour répondre et exécuter toutes mes volontés. Si tu ne le fais, je t'y contraindrai par Dieu même.

CONJURATION DU ROI D'OCCIDENT

O Roi Bayemon! Très fort, qui règnes aux parties occidentales, je t'appelle et invoque au nom de la Divinité, je te commande, en vertu du très haut, de m'envoyer présentement devant ce cercle le N. Passiel, Rosus, avec tous les autres Esprits qui te sont sujets, pour répondre à tout ce que je leur demanderai. Si tu ne le fais, je te tourmenterai du glaive du feu divin; j'augmenterai tes peines et te brûlerai.

CONJURATION DU ROI DE SEPTENTRION

O toi, Amaymon! Roi empereur des parties septentrionales, je t'appelle, invoque, exorcise, et conjure, par la vertu et puissance du Créateur, et par la vertu des vertus, de m'envoyer présentement et sans délai, Madael, Laaval, Bamulhae, Belem, Ramat, avec tous les autres Esprits, qui te sont soumis, en belle et humaine forme : en quelque lieu que tu sois, viens rendre l'honneur que tu dois au Dieu, vivant, véritable et ton créateur. Au nom du Père, du Fils et du St Esprit; viens donc, et sois obéissant devant ce cercle, et sans aucun péril de mon corps ni de mon âme, viens en belle forme humaine, et non point terrible, et t'adjure que tu aies à venir tout maintenant et présentement, par tous les divins noms, Sechiel, Barachiel; si tu ne viens promptement, Balandier, suspensus, iracundus, Origratiumgu, Partus, Olemdemis et Bantatis, N. je t'exorcise, invoque et te fais commandement très-haut, par la toute puissance de Dieu vivant, du vrai Dieu, par la vertu du Dieu saint, et par la vertu de celui qui a dit, et tout a été fait, et par son saint commandement, toutes choses ont été faites, le ciel, la terre, et ce qui est en eux. Je t'adjure par le Père, par le Fils et par le Saint-Esprit, et par la Sainte Trinité, et par le Dieu auquel tu ne peux résister, sous l'empire duquel je te ferai ployer ; je te conjure par le Dieu Père, par le Dieu Fils, par le Dieu Saint-Esprit et par la mère de Jésus-Christ, sainte mère et vierge perpétuelle, et par ses saintes entrailles, et par son très sacré lait que le fils du père a sucé ; et par son très sacré corps et âme, et par toutes les pièces et membres de cette vierge et par toutes les douleurs, et par toutes les afflictions, labeurs et ressentiments qu'elle a soufferts pendant le cours de sa vie, par tous les sanglots et saintes larmes qu'elle a versées, pendant que son cher fils pleura devant le temps de sa douloureuse Passion, en l'arbre de la croix ; par toutes les saintes choses sacrées qui sont offertes et faites, et autres, tant au ciel qu'en la terre, en l'honneur de N. S. J.-C. et de la bienheureuse Marie sa mère, et par tout ce qui est céleste, par l'église militante, en l'honneur de la Vierge et de tous les Saintes, et par la Sainte Trinité, et

par tous les autres mystères, et par le signe
de la croix, et par le très précieux sang et
eau qui coulèrent du côté de J.-C., et par
son Annonciation, et par la sueur qui sor-
tit de tout son corps, lorsqu'au jardin des
Olives il dit: mon père, si faire se peut,
que ces choses passent outre de moi, que
je ne boive point le calice de la mort; par
sa mort et passion, et par sa sépulture, et
par sa glorieuse résurrection, par son as-
cension, par la venue du Saint-Esprit. Je
t'adjure de rechef par la couronne d'épines
qu'il porta sur sa tête, par le sang qui coula
de ses pieds et de ses mains, par les clous
avec lesquels il fut attaché à l'arbre de la
croix, et par les cinq plaies, par les saintes
larmes qu'il a versées, et par tout ce qu'il
a souffert volontairement pour nous avec
une grande charité; par les poulmons, par
le cœur, par le foie et les entrailles, et par
tous les membres de N.-S. J.-C.; par le jugement des vivants et des morts, par les
paroles évangéliques de N.-S. J.-C., par ses
prédications, par ses paroles, par tous ses
miracles, par l'enfant enveloppé de linge,

par l'enfant qui crie, que la mère a porté
dans son très pur et virginal ventre, par
les glorieuses intercessions de la vierge
mère de N.-S. J.-C.; par tout ce qui est
de Dieu et de sa très sainte mère, tant au
ciel qu'en la terre; par les saints Anges et
Archanges, et par tous les bienheureux ordres des Esprits; par les saints Patriarches
et Prophètes, et par tous les saints Martyrs
et Confesseurs, et par toutes les saintes
Vierges et Veuves innocentes, et par tous
les saints et saintes et celui de Dieu. Je te
conjure par le chef de St Jean-Baptiste par
le lait de Ste Catherine, et par tous bienheureux.

CONJURATION

Conjuration, très forte pour tous les jours et à toute heure, tant de jour que de nuit, pour les trésors cachés, tant par les hommes que par les Esprits, pour les avoir ou les faire apporter.

Je vous commande, Démons ; qui résidez en ces lieux, ou en quelque partie du monde que vous soyez, et quelque puissance qui vous ait été donnée de Dieu et des Saints Anges sur ce lieu même, et de puissante principauté des abîmes d'enfer, et de tous vos confrères, tant en général que spécial démons, de quelques ordres que vous soyez, demeurant tant d'Orient, Occident, Midi, et Septentrion, et dans tous les côtés de la terre, par la puissance de Dieu le Père, par la sagesse de Dieu le Fils, par la vertu du Saint-Esprit, et par l'autorité qui m'est donnée de N.-S. J.-C. l'unique Fils du Tout-Puissant et Créateur, qui nous a créés de rien et toutes les créatures, qui fait que vous n'avez pas la puissance de garder, d'habiter et demeurer en

ce lieu, par qui je vous contrains et commande, que bon gré, mal gré, sans nulle
fallace ni tromperie, vous me déclariez
vos noms, et que vous me laissiez la paisi-
ble puissance de cette place, et de quelque
légion que vous soyez, et de quelle partie
du monde que vous soyez, et quelle partie
du monde que vous habitiez, de la part de
la très sainte Trinité et par les mérites de
la très sainte heureuse Vierge et de tous
les Saints, je vous déchaîne tous, Esprits
qui habitez ce lieu, et je vous envois au
plus profond des abîmes infernales. Ainsi ;
allez, tous maudits Esprits, et damnés au
feu éternel qui vous est préparé, et à tous
vos compagnons, si vous m'êtes rebelles et désobéissants ; je vous conjure par
la même autorité, je vous exhorte et appelle, je vous contraints et commande,
par toutes les puissances de vos supé-
rieurs Démons, de venir obéir et répondre
positivement à ce que je vous ordonne-
rai au nom de J.-C., que si eux ou vous
n'obéissez promptement, et sans délai,
j'augmenterai en bref vos peines en enfer

pour mille ans; je vous contrains donc de paroître ici en belle forme humaine, par les très saints noms de Dieu, Hain Lon, Hilay, Sabaoth, Helim, Radiaha, Ledieha, Adonay, Jehova, Ya, Tetragrammaton, Saday, Massias, Agios, Ischyros, Emmanuel, Agla, Jesus qui est Alpha et Omega, le commencement et la fin, que vous fussiez dans le feu justement établi, afin que de rechef vous n'ayez aucune puissance de résider, d'habiter, ni demeurer en ce lieu, et vous demande ce que vous ferez par et vertu des susdits noms, et que St-Michel Ange vous envoie au plus profond du gouffre infernal, au nom du Père et du Fils, et du Saint-Esprit. Ainsi soit-il.

Je te conjure, Acham, ou qui que tu sois, par les très saints noms de Dieu, par Malhame, Jac, May, Mabron, Jacob, Desmedias, Eloy, Aterestin, Janastardy, Finis, Agios, Ischyros, Otheos, Athanatos, Agla, Jehova, Homosion, Aja, Messier, Sother, Christus vincit, Christus regnat, Christus imperat, Increatur Spiritus sanctus.

Je te conjure, Cassiel, ou qui que tu sois, par tous les noms susdits, avec puissance et en t'exorcisant. Je te recommande par les autres susdits noms du très-grand créateur qui te sont communiqués, et qui le seront encore ci-après, afin que tu écoutes tout incontinent, et dès à présent, mes paroles, et que tu les observes inviolablement comme des sentences du dernier jour tremblant du jugement auquel il faut que tu m'obéisses inviolablement; et ne pense pas me rebuter à cause que je suis un pêcheur, mais sache que tu rebutes les commandements du très haut Dieu. Ne sais-tu pas que tu perds tes forces devant ton créateur et le nôtre? C'est pourquoi, pense à ce que tu refuses; d'autant que me promettant et jurant par ce dernier jour tremblant du jugement, et par celui qui a tout créé d'une seule parole, auquel toutes créatures obéissent, *P. par sedem Baldarcy et per gratiam et diligentem tuam habuisti ab eo hanc nalatima namilam,* afin que je te demande.

CONJURATIONS

Pour chaque Jour de la Semaine.

Lundi
Conjuration à Lucifer

Je te conjure Lucifer, par le Dieu vivant, par le Dieu vrai, par le Dieu saint, par le Dieu qui a dit, et tout a été fait; il a commandé, et toutes choses ont été faites et créées. Je te conjure par les noms ineffable de Dieu, On, Alpha et Omega, Eloy, Eloym, Ya, Saday, Lux les Mugiens, Rex, Salus, Adonay, Emmanuel, Messias, et je t'adjure, conjure et t'exorcise par les noms qui sont déclarés par les lettres V, 6, X; et par les noms Jehova, Sol, Agla, Rissasoris, Oriston, Orphitue, Phaton ipreto, Ogia,

Spératon, Imagnon, Amul, Penaton, Soter, Tetragrammaton, Eloy, Premoton, Sirmon, Perigaron, Irataton, Plegaton, On, Perchiram, Tiros, Rubiphaton, Simulaton, Perpi, Klarimum, Tremendum, Meray, et par les très hauts noms ineffables de Dieu, Gali, Enga, El, Habdanum, Ingodum, Obu Englabis, que tu aies à venir, ou que tu m'envoies N. en belle humaine forme, sans aucune laideur, pour répondre à la réelle vérité de tout ce que je lui demanderai, sans avoir pouvoir de me nuire tant au corps qu'à l'âme, ni à qui que ce soit.

Cette expérience se fait depuis onze heures jusqu'à douze, et depuis trois heures jusqu'à quatre. Il faudra du charbon, de la craie bénite pour faire le cercle, autour duquel on écrira ce qui suit : *Je te défends, Lucifer, au nom de la très sainte Trinité, d'entrer dans ce cercle.* Le gage qui lui convient est une souris vivante. Le maître doit avoir une étole et de l'eau bénite, avec une aube

et un surplis pour commencer la conjuration allégrement, commander âprement
et vivement, comme doit faire le maître à
son serviteur, avec toutes sortes de me-
naces ; Satan, Rantam, Pallantre, Lutais,
Cricacœur, Scircigreur, je te requiers trés-
humblement de me donner...

Mardi
Conjuration à Frimost

Je te conjure, Frimost, et te commande par tous les noms ; par lesquels
tu peux être contraint et lié ; je t'exorcise,
Nambrosth, par ton nom, par la vertu de
tous les Esprits, par tous les caractères, par
le Pantacle de Salomon, par les conjurations judaïques, grecques et chaldaïques,
par ta confusion et malédiction, et redou-
blerai tes peines et tourments de jour en
jour à jamais, si tu ne viens maintenant
pour accomplir ma volonté, et être soumis à tout ce que je te commanderai sans

avoir pouvoir de me nuire tant au corps qu'à l'âme, ni à ceux de ma compagnie.

Cette expérience se fait la nuit, depuis neuf heures jusqu'à dix. On doit lui donner la première pierre que l'on trouvée dans la journée. C'est pour être reçu en dignité et honneur. On y procédera de la façon du lundi : on y fera un cercle, autour duquel on écrira, *Obéis-moi, Frimost, obéis-moi, Frimost, obéis-moi, Frimost.*

Mercredi
Conjuration à Astaroth

Je te conjure, Astaroth, méchant Esprit, par les paroles et vertus de Dieu et par le Dieu puissant, et par Jésus-Christ de Nazareth, auquel tous les Démons sont soumis, qui a été conçu de la Vierge Marie, par le mystère de l'Ange Gabriel ; je te conjure de rechef au nom du Père et du Fils, et du St-Esprit, au nom de la glorieuse Vierge Marie, et de la très sainte Trinité, en l'honneur de laquelle tous les Archanges, les trônes, les Dominations, les Puissances, les Patriarches, les Prophètes, les Apôtres et les Evangélistes chantent sans cesse : St, St, St, le Seigneur Dieu des armées, qui a été qui est, qui viendra comme fleuve de feu ardent, que tu ne négliges pas mes commandements, et que tu ne refuses de venir. Je te commande par celui qui viendra tout en feu juger les vivants et les morts, auquel est dû honneur, louange et gloire ; viens donc promptement, obéis à ma volonté ; viens donc rendre louange au vrai Dieu, au Dieu vivant, et à tous ses ouvrages, et ne manque pas de m'obéir et rendre honneur au Saint-Esprit ; c'est en son nom que je te commande.

Cette expérience se fait la nuit, depuis dix heures jusqu'à onze ; c'est pour avoir les bonnes grâces du roi et des autres. On écrira dans le cercle ce qui suit: *Viens, Astaroth, viens, Astaroth, viens, Astaroth.*

Jeudi
Conjuration à Silcharde

Je te conjure, Silcharde, par l'image et ressemblance de J.-C. notre Seigneur, qui, par sa mort et passion a racheté le genre humain. Qui veut que par sa providence tu sois ici présent maintenant. Je te commande par tous les Royaumes de Dieu. Agis; je t'adjure et te contrains par son Saint Nom, par celui qui a marché sur l'aspic, qui a écrasé le lion et le dragon, que tu aies à m'obéir et faire mes commandements, sans avoir pouvoir de me nuire, ni au corps ni à l'âme, ni à qui que ce soit.

Cette expérience se fait la nuit depuis trois heures jusqu'à quatre, en laquelle on l'appelle, et paroît en forme de Roi. Il faut lui donner un peu de pain, afin qu'il parte : c'est pour rendre l'homme heureux, et aussi pour les trésors. On écrira autour du cercle ce que suit : *Par le Dieu Saint, par le Dieu Saint, par le Dieu Saint.*

Vendredi
Conjuration à Béchard

Je te conjure, Béchard, et te contrains de venir à moi ; je te conjure de rechef par les très saint nom de Dieu, Eloy, Adonay, Eloy, Agla, Samalabactany, qui sont écrits en Hébreu, Grec et Latin, par tous les sacrements, par tous les noms écrits dans ce livre, et par celui qui t'a chassé du haut du ciel. Je te conjure, commande, par la vertu de la très Sainte-Eucharistie, qui a racheté les hommes de leurs péchés, que sans aucun délai tu viennes pour faire et parfaire tous mes commandements, sans aucune lésion de mon corps ni de mon âme, ni faire tort à mon livre, ni à ceux qui sont ici avec moi.

Cette expérience se fait la nuit, depuis onze heures jusqu'à douze; il faut lui donner une noix. On écrira dans le cercle: *Viens Béchard, viens Béchard, viens Béchard.*

Samedi
Conjuration à Guland

Je te conjure, Guland, au nom de Satan, au nom de Béelzébut, au nom d'Astaroth, et au nom de tous les autres Esprits, que tu aies à venir vers moi: viens donc à moi, au nom de Satan et de tous les autres démons; viens donc à moi, lorsque je te commande au nom de la très-sainte Trinité; viens sans me faire aucun mal, sans lésion, tant de mon corps que de mon âme, sans me faire tort de mes livres, ni d'aucune chose dont je me sers. Je te commande de venir sans délai, ou que tu aies à m'envoyer un autre Esprit qui ait la même puissance que toi, qui accomplisse mes commandements, et qu'il soit soumis à ma volonté, sans que celui que tu m'enverras, si tu ne viens pas toi-même, ne s'en aille point sans mon consentement, et qu'il n'ait accompli ma volonté.

Cette expérience se fait de nuit, depuis onze heures jusqu'à douze, et sitôt qu'il paroît, il lui faut donner du pain brûlé, et lui demander ce qui vous plaira, il vous obéira sur le champ. On écrira dans son cercle : *N'entre pas, Guland ; n'entre pas, Guland, n'entre pas, Guland.*

Dimanche
Conjuration à Surgat

Je te conjure Surgat, par tous les noms écrits dans ce livre, que sans délai et promptement, tu sois ici tout prêt à m'obéir, ou que tu m'envoies un Esprit qui m'apporte une pierre, avec laquelle, lorsque je la porterai, je ne sois vu de personne, quel qu'il soit, et je te conjure que tu te trouves soumis à celui que tu m'enverras, ou ceux que tu m'auras envoyé, à faire et accomplir ma volonté, et tout ce que je commanderai, sans nuire ni à moi, ni à qui que ce soit, afin que tu saches ce que je veux.

Cette expérience se fait la nuit, depuis onze heures jusqu'à une. Il demandera un poil de votre tête; mais il faut lui en donner d'un animal quelconque, et l'obliger à l'accepter. C'est pour trouver et lever tous les trésors, et ce que vous voudrez. On écrira dans son cercle: *Tetragrammaton, 3. Ismael, Adonay, Ilma ; et dans un second cercle: Viens, Surgat; viens, Surgat; viens, Surgat.*

Fig. 2

Cercle et Caractères
de Lucifer

Fig. 3

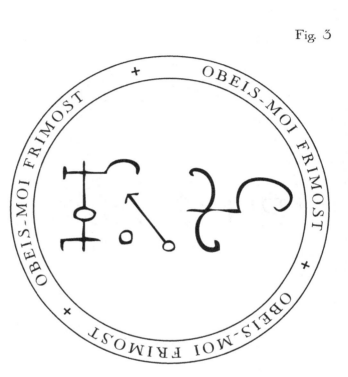

Cercle et Caractères
de Frimost

Fig. 4

Cercle et Caractères
d'Astaroth

Fig. 5

Cercle et Caractères
de Silcharde

Fig. 6

Cercle et Caractères
de Béchard

Fig. 7

Cercle et Caractères
de Guland

Fig. 8

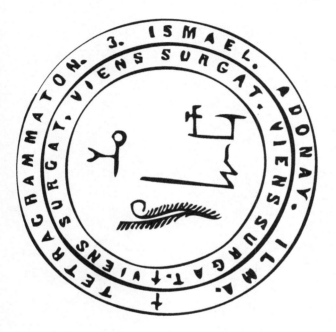

Cercle et Caractères
de Surgat

DEUXIEME PARTIE

CHARMES &
CONTRE-CHARMES

Pour lever tous Sorts, et faire venir la personne qui a causé le mal

Prenez le cœur d'un animal complètement mort en ayant soin de n'y faire aucune blessure; et mettez-le sur une assiette propre, puis ayez neuf piquants d'aubépine, et procédez comme il suit:

Percez dans le cœur un de vos piquants, disant: *Adibaga, Sabaoth, Adonay, contra ratout prisons pererunt fini unixio paracle gossum.*

Prenez deux de vos piquants et enfoncez-les, disant: *Qui fussum mediator agros gaviol valax.*

Prenez-en deux autres, et les perçant, dites: *Landa zazar valoi sator salu xio paracle gossum.*

Reprenez deux de vos piquants, et les perçant, prononcez: *Mortus cum fice sunt et per flagellationem Domini nostri Jesu-Christi.*

Enfin, percez les deux derniers piquants aux paroles qui suivent: *Avir sunt* (devant vous) *paracletur strator verbonum offisum fidando.* Puis, continuez, disant:

J'appelle ceux ou celles qui ont fait fabriquer le Missel Abel; lâche, a-t-on mal fait que tu aies partant à nous venir trouver par mer ou par terre, tout partout, sans délai et sans dédit.

Percez le cœur d'un clou à ces dernières paroles. Notez que si on ne peut avoir des piquants d'aubépine, on aura recours à des clous neufs.

Le cœur étant percé, comme nous l'avons indiqué, on le met dans un petit sac; puis on le pend à la cheminée, assez haut pour qu'il ne soit pas vu. Le lendemain vous retirerez le cœur du sac et vous le mettrez sur une assiette, retirant la première épine vous la percez dans un autre endroit du cœur en prononçant les paroles que nous lui avons destinées ci-dessus: vous relevez deux autres; et les reperçant, vous dites les paroles convenables: enfin vous les relevez toutes dans le même ordre pour les repercer comme nous avons dit, observant de ne jamais repercer dans les mêmes trous. On continue ce travail pendant neuf jours. Toutefois, si vous ne voulez donner relâche au malfaiteur, vous faites votre neuvaine dans le même jour, et dans l'ordre prescrit. Après avoir finalement percé le clou dans le cœur en prononçant les paroles sus-dites, on fait grand feu ; on met le cœur sur un gril et on le fait rôtir sur la braise ardente. Il faut que le maléficiant vienne demander grâce. S'il est hors de son pouvoir de venir dans le peu de temps que vous lui accordez, vous le ferez mourir.

Notez bien que vous devez éviter, soit en barrant la porte, ou par tout autre moyen, que le maléficiant ne s'approche de votre gril.

Pour rompre et détruire tous maléfices célébré contre les animaux

Prenez une tassée de sel, plus ou moins, selon la quantité des animaux maléficiés ;

prononcez dessus ce qui suit : *Herego gomet hunc gueridans sesserant deliberant amei.*

Faites trois tours autour des animaux, commençant du côté du soleil levant, et continuant suivant le cours de cet astre, les animaux devant vous, et faisant vos jets sur iceux par pincée, récitez les mêmes paroles.

Miroir sympathique

Ce miroir, qui a la forme indiquée par la figure 9, est à double glace, plane d'un côté et grossissante de l'autre. Ces deux glaces s'appellent respectivement petit côté et grand côté du miroir. Le miroir sympathique est employé dans certaines opérations de contre-charme pour connaitre le maléficiant : On s'y regarde, tantôt d'un côté tantôt de l'autre, en prononçant les paroles indiquées, et, à un moment donné, la propre figure de l'opérateur disparaît et se trouve remplacée par celle du maléficiant qui passe et repasse plus ou moins souvent.

Lorsque l'on travaille pour délivrer une personne dont le mal est déjà très avancé, on est quelquefois obligé de toucher le, malade avec le miroir en répétant les paroles mystérieuses dites dans l'opération de contre-charme.

Le miroir sympathique possède, de plus certaines vertus naturelles, entre autres celles de guérir les douleurs sourdes et rhumatismales en général. Pour cela on touche la partie du corps correspondant à la douleur, tantôt d'un côté du miroir tantôt de l'autre, sans regarder de quel côté l'on commence, en vouant chaque fois le malade à trois saints, disant par exemple : *saint Joseph, saint Jean, saint Jacques, je vous supplie de guérir N.*

Répéter trois fois, puis dire trois *pater* et trois *ave* en faisant, avant et après, le signe de la croix. Recommander au malade de frotter le mal avec les doigts humectés de salive, une fois par jour durant trois jours, et dire ensuite, chaque fois, trois *pater* et trois *ave*, comme ci-dessus.

Pour avoir un miroir on achète une glace à deux faces conforme au miroir sympathique, et, dans une évocation, on conjure l'esprit de lui reconnaître « *les vertus stipulées dans le livre* », ce à quoi il ne peut se refuser. Dans le cas ou il demanderait à toucher le miroir, il faudrait le lui jeter en l'enjoignant de le mettre dans le cercle « *sans fêlures et doué des vertus sus-dites* ».

Ce miroir ne doit servir à aucun usage profane.

Du Talisman,

Sa Confection, ses Vertus

La veille de la Saint-Jean entre une heure et deux heures du matin ou se rend là où
il y a de la pervenche sauvage ou petite pervenche. On peut en avoir dans son jardin,
ou dans des pots à fleurs, en notant que
dans ce dernier cas, les pots doivent être
placés de façon que l'on soit obligé de sortir de chez soi pour aller auprès d'eux. On
cueille la plante sans rien dire et on l'empor-
te dans sa maison en prenant bien garde de
ne pas regarder derrière soi, quand même
ou entendrait des bruits de pas derrière ses
talons; aucun mal, du reste, ne peut sur-
venir à l'opérateur pendant ce trajet tous
les animaux fuyant à son approche. On la
conserve pour s'en servir aux fins ci-après.

Prenez autant que possible, la première branche qui vous tombera sous les
yeux lorsque vous ouvrirez la boîte renfer-
mant la cueillette ci-dessus, ôtez-en la tête

et mettez celle-ci dans un petit morceau de papier blanc, puis complétez le nombre de feuilles, en ajoutant ce qu'il faut, de la même branche pouf en avoir neuf, ensuite ajoutez-y gros comme un pois de camphre et pliez. Dès que le papier sera plié en deux, que vous ne verrez plus par conséquent le contenu, dites en continuant à plier ce papier.

1° Si vous voulez vous servir du paquet comme talisman; *Pour N.* (nommer la personne) *demeurant à... que nous voulons préserver de tous maléfices pour N... une fois vassis atatlos vesul et cremus, verbo san hergo diboliâ herbonos, deux fois vassi atatlos, etc., trois fois vassis, etc.* Répéter trois fois la prière.

2° Si vous voulez l'employer pour rompre et détruire un maléfice; *Pour N. demeurant à... que nous voulons guérir d'un mauvais sort s'il en a, et contre un tel ou une telle, une fois vassis atatlos vesul et cremus, verbo san hergo diboliâ herbonos; deux fois vassis, etc. trois fois vassis, etc.* Répéter trois fois.

En faisant le paquet tenez le papier constamment appuyé sur le petit côté du miroir; quand il est fait, faites le toucher au grand côté et donnez-le à la personne intéressée.

1° Si celle-ci s'en sert comme talisman, elle le prend de la main droite fait le signe de la croix et le porte comme un scapulaire enveloppé dans un linge, Sa vertu dure un an; au bout de ce temps le jeter au feu;

2° Si c'est pour se guérir elle le prend également de la main droite fait le signe de la croix et l'attache à sa chemise de façon qu'il soit en contact avec la peau à l'endroit du mal. Le garder trois jours ou cinq si l'on veut forcer. Au bout de ce temps, prendre (le malade ou l'opérateur) le paquet, faire le signe de la croix le mettre dans le feu, le couvrir de charbon et sortir aussitôt; en mettant le pied dehors dire : *Que Dieu nous garde.*

Le paquet et les paroles servent à plusieurs fins. Notez bien que l'opérateur peut faire le paquet chez lui, le mettre dans sa poche et le porter au maléficié.

Soins à prendre en revenant de
chez une personne qu'on veut guérir

Passer à une croisée de chemin, la
meilleure, est quatre chemins, mais prendre la première que l'on trouve ; jeter une
pibée de monnaie (un sous ou autre) au
milieu de la croisée avec force eu disant :
Tiens te voilà, te ramasse qui pourra, et s'en
aller sans regarder derrière soi.

Pour détruire un sort et voir passer
les maléficiants

Acheter un pot de terre neuf et sa cou-
verture — pour cinq sous de camphre, un
paquet d'aiguilles, un cœur de veau, à la
rigueur on pourrait se servir d'un cœur de
femelle — le tout sans marchander.

Bien barrer la porte où l'on opère.

Mettre le cœur sur une assiette bien
propre et y piquer séparément les aiguilles
en répétant à chacune d'elles les paroles
suivantes que nous connaissons déjà :

Contre un tel ou une telle (si on connais-
sait la personne ou quand on la connaîtra
on dira son nom), *une fois vassis atatlos vesul
et cremus, verbo san hergo diboliâ herbonos ; deux
fois vassis atatlos, etc., trois fois vassis, etc.*

L'opération terminée, mettre le cœur
dans le pot avec le camphre et trois gouttes d'eau bénite ; mettre le pot au feu à
11 heures 1/2 juste et l'y laisser bouillir
jusqu'à une heure après minuit, au moins.
Le lendemain on enfouit le pot dans la
terre dans un endroit non cultivé.

Pour voir le maléficiant, en faisant
bouillir le pot, depuis le commencement
jusqu'à la fin, et de cinq en cinq minutes
environ, répéter les paroles ci-dessus en
regardant dans le miroir tantôt d'un côté,
tantôt de l'autre ; il est rare qu'on ne le voie
pas passer plus ou moins souvent.

Nota. — Prendre bien soin de ne pas
sortir, et que personne de la maison ne
sorte pendant que dure l'opération. — Il
est bon de donner un paquet (talisman) au
malade avant de commencer l'opération.

Il faut faire une neuvaine c'est-à-dire que pendant neuf autres jours à 11 heures ½, soit du soir, soit du matin, on répète les paroles ci-dessus.

Pour lever un sort ou délivrer une maison des démons

Donner un paquet (talisman) au maléficié ou le suspendre dans la cheminée dans un sac de toile neuve. Si la personne est folle, il faut faire dire trois messes dans trois paroisses différentes et que dans la maison, la famille à l'heure des messes dise en commun le *Je crois en Dieu*, faire le signe de la croix, dire trois fois *Pater* et trois *Ave*, faire de nouveau le signe de la croix et dire le *Veni Creator*.

Cela fait, se mettre du côté du Midi ayant de la main gauche de l'eau bénite, de la droite du buis béni et dire : *O Dieu du Midi, ô Dieu d'Orient, ô Dieu d'Occident, ô Dieu Septentrional, mauvais sort corrompu que j'aurais dû sur vos vifs.*

Prononcer ces paroles trois fois et à chaque fois, prendre de l'eau bénite et asperger avec, force à droite et à gauche. Faire une neuvaine en regardant dans le miroir, si on eu a un, aux paroles déjà citées.

Pour rompre et détruire un sort au moyen du Coq noir

Prenez un coq noir, mettez-lui trois gouttes d'eau bénite dans le bec et pendez-le par les pattes dans un grenier où vous le laissera trois jours francs. Ce temps écoulé, prenez-le par les pattes et enterrez-le dans le fumier chaud d'un toit à brebis en ayant bien soin, que personne ne puisse aller le retirer. Le maléficiant tombera malade et mourra de langueur au bout de six mois ou un an.

En faisant les opérations ci-dessus prononcez les paroles que nous avons déjà fait connaître : *Contre un tel ou une telle une fois vassis, etc.* Prendre bien soin de fermer le grenier à clef pendant que le coq y sera.

Pour détourner une personne

Prendre un crapaud avant soleil levé ou après couché ; lui fourrer (avant ou après le soleil couché) avec une broche de bois ou de fer, un clou même, lui enfiler les deux mâchoires avec la dite broche, lier les mâchoires avec un fil et le pendre dans la cheminée assez haut pour qu'il ne soit pas vu. En faisant ce qui précède depuis le commencement jusqu'à la fin dire : *Je t'en veux N. je veux que tu crèves, toi qui fais tant du mal. Contre toi, une fois vassis, etc.* Faire une neuvaine.

Même sujet

Prendre un brin de mêlier sauvage, un brin de houx, et un troisième de noisetier sauvage ayant, chacun trois pieds de long. Les mettre dans un feu de bois sec et les faire brûler en commençant par un bout. Depuis qu'ils commencent à brûler

jusqu'à qu'ils le soient dire comme ci-dessus et faire la neuvaine.

Pour détourner une mauvaise rencontre

Faites trois pas en arrière en regardant continuellement la personne et dites :
Contre toi, Verbo san Diboliâ herbonos.

Pour enclouer et faire souffrir une personne

Allez dans un cimetière, ramassez-y un
clou de vieux cercueil, en disant : *Clou, je te
prends afin que tu me serves à détourner et faire
mal à toute personne que je voudrai ; au nom du
Père, du Fils et du St.-Esprit. Amen.*
Quand vous voudrez vous en servir,
tracez la figure 10 sur un morceau de
planche neuve et fichez le clou au milieu
du triangle en disant : *Pater noster,* jusqu'à
in terra. Frappez ensuite sur le clou avec

une pierre en disant: *Que tu fasses mal à N. jusqu'à ce que je te tire de là.*

Recouvrez l'endroit avec un peu de poudre et souvenez-vous bien de l'endroit, car on ne peut guérir le mal que cela cause qu'en tirant le clou et disant: *Je te retire, afin que le mal cesse que tu as causé à N.; au nom du Père, du Fils et du St.-Esprit. Amen.* Tirer ensuite le clou et effacer les caractères, non pas de la même main qu'on les a faits, mais avec l'autre; car autrement il y aurait du danger pour le maléficiant.

Pour faire souffrir une personne

Opérer le dernier vendredi du mois, le matin, à jeun. Prendre un morceau de lard gras, gros comme un œuf ; le piquer d'épingles, (une trentaine environ sans les compter) en disant les paroles connues: *Une fois Vassis, atatlos, etc.,* mettre dessus deux branches de rameaux bénits en croix et enfouit le tout dans un terrain non cultivé.

TROISIEME
PARTIE

SECRETS
MERVEILLEUX

Le château de Belle
Pour garantir les chevaux et autres
animaux domestiques de tous
accidents et maladie

Prenez du sel sur une assiette; puis ayant le dos tourné au lever du soleil, et les animaux devant vous, prononcez, étant à genoux, la tête nue, ce qui suit:

Sel qui est fait et formé au château de Belle Sainte belle Elisabeth, au nom Disolet, Solfée portant sel, sel dont sel, je te conjure au nom de Gloria, de Doriante et de Galianne sa soeur, sel je te conjure que tu aies à me tenir mes vifs chevaux de bêtes cavalines que voici présents devant Dieu et devant moi, sains et nets, bien buvants, bien mangeants, gros et gras, qu'ils soient à ma volonté; sel dont sel, je te conjure par la puissance de gloire, et par la vertu de gloire, et en toute mon intention toujours de gloire.

Cela prononcé au coin du soleil levant, vous gagnez l'autre coin suivant le cours de cet astre, vous y prononcez ce que dessus... Vous en faites de même aux autres coins; et étant de retour où vous avez commencé, vous y prononcez de nouveau les mêmes paroles observez pendant toute la cérémonie; que les animaux soient toujours devant vous, parce que ceux qui traverseront seront autant de bêtes folles.

Faites ensuite trois tours autour de vos chevaux, faisant des jets de votre sel sur les animaux, disant: *Sel, je te jette de la main que Dieu m'a donnée; Grapin, je te prends, à toi je m'attends.*

Dans le restant de votre sel, vous saignerez l'animal sur qui on monte, disant: *Bête cavaline je te saigne de la main que Dieu m'a donnée, Grapin, je te prends, à toi je m'attends.*

On doit saigner avec un morceau de bois dur, comme du buis ou du poirier; on tire le sang de telle partie que l'on veut en ayant soin que l'animal ait le cul derrière vous. Si c'est, par exemple, un mouton, vous lui tiendrez la tête dans vos jambes.

Après la saignée, vous faites une levée de
corne du pied droit, c'est-à-dire que vous
lui coupez un morceau de corne du pied
droit avec un couteau, vous le partagez en
deux morceaux et en faites une croix ; vous
mettez cette croisette dans un morceau de
toile neuve, puis vous la couvrez de votre
sel ; vous prenez ensuite de la laine, si vous
agissez sur moutons ; autrement vous prenez du crin, vous en faites aussi une croisette que vous mettez dans votre toile sur
le sel ; vous mettez sur cette laine ou crin,
une seconde couche de sel ; vous faites encore une autre croisette de cire vierge pas-
cale ou chandelle bénite ; puis vous mettez
le restant de votre sel dessus, et nouez le
tout en pelote avec une ficelle ; froissez,
avec cette pelote les animaux au sortir de
l'écurie, si ce sont des chevaux ; si ce sont
des moutons, on les frouera au sortir de la
bergerie ou du parc, prononçant les paroles qu'on aura employées pour le jet : on
continue à frouer pendant un, deux, trois,
sept, neuf ou onze jours de suite, selon la
force et la vigueur des animaux.

Notez que vous ne devez faire vos jets qu'au dernier mot: quand vous opérez sur les chevaux, prononcez vivement; quand il s'agira de moutons, plus vous serez long à prononcer, mieux vous ferez; quand vous trouverez du crin dans les jets de ce recueil, vous ne les devez faire que sur le sel et non ailleurs. Toutes les gardes se commencent le mardi ou le vendredi au croissant de la lune; et au cas pressant, on passe par-dessus ces observations. Il faut bien prendre garde que vos pelotes ne prennent de l'humidité, parce que les animaux périraient. On les porte ordinairement dans le gousset, mais sans vous charger de ce soin inutile, faites ce que font les praticiens experts: Placez-les chez vous en quelque lieu sec, et ne craignez rien. Nous avons dit ci-dessus de ne prendre de la corne que du pied droit pour faire la pelote.

La plupart en prennent des quatre pieds, et en font conséquemment deux croisettes, puisqu'ils en ont quatre morceaux. Cela est superflu et ne produit rien de plus. Si vous faites toutes les cérémonies des quatre coins au seul coin du soleil levant, le troupeau sera moins dispersé.

Remarquez qu'un berger mauvais, qui en veut à celui qui le remplace, peut lui causer bien des peines, et même faire périr le troupeau : premièrement, par le moyen de la pelote qu'il coupe en morceaux et qu'il disperse, soit sur une table ou ailleurs, soit par une neuvaine de chapelet, après laquelle il enveloppe la pelote dedans, puis coupe le tout et le disperse, soit par le moyen d'une taupe ou d'une belette, soit par le pot ou tard ou la burette, enfin par le moyen d'une grenouille ou raine verte, ou une queue de morue, qu'ils mettent dans une fourmilière, disant : *Maudition, perdition, etc.* (Voir l'Enchiridion.)

On l'y laisse durant neuf jours au bout desquels on la relève avec les mêmes paroles et l'ayant mise en poudre, on eu sème par où doit paraître le troupeau, On se sert encore de trois cailloux pris en différents cimetières et par le moyeu de certaines paroles que nous ne voulons révéler, on donne des courantes et l'on fait périr autant d'animaux que l'on souhaite. Nous donnons plus loin la manière de rompre et détruire ces prestiges.

Contre les avives et tranchées des chevaux

Passer la main sur le ventre du cheval et dire : *Cheval* (nommez le poil), *appartenant à N... si tu les as avivés de quelque couleur qu'elles soient ou tranchées rouges ou tranchesons ou de trente-six sortes d'autres maux en cas qu'ils y soient, Dieu te guérisse et le bienheureux Saint-Eloy, au nom du Père et du Fils et du Saint-Esprit.* Dites ensuite cinq *pater* et cinq *ave* à genoux et faites avaler au cheval une poignée de sel gris dissoute dans une pinte d'eau tiède.

Pour que les agneaux deviennent beaux et forts

Prenez le premier né, à son défaut le premier venu et élevez-le de terre le nez vers vous disant: *Ecce lignum, cruceim en quo salus mundi cruceni.* Remettez-le par terre, relevez-le et dites comme dessus jusqu'à trois fois, cela fait vous prononcez tout bas l'oraison du jour où l'on sera et que vous trouverez dans l'Encheridion.

Pour guérir un cancer ou autre mal accessible aux yeux et au doigts

Avec le maître doigt (le plus long) faire trois fois le tour du mal en suivant le cours du soleil en disant à chaque fois: *Mauvais mal* (nommer son nom) *l'on dit que vous avez autant de racines ici, que Dieu a d'amis dans le ciel.* Faites cette opération trois jours de suite avant le lever du soleil. En tournant le doigt ne pas le soulever de dessus la peau. Après chaque opération cinq *pater* et cinq *ave.*

Contre la brûlure

Saint Lazare et Notre Seigneur Jésus-Christ s'en vont dans une ville sainte, saint Lazare dit à Notre Seigneur, j'entends là-haut un grand bruit, Notre Seigneur lui dit : C'est un enfant qui brûle, vas-y et tu le guériras de ton souffle. On prononce trois fois ces paroles sur les brûlures envoyant à chaque fois une respiration contre, puis on y applique une compresse bien imbibée d'huile d'olive.

Cinq *pater*, cinq *ave.*

Pour faire rendre les objets volés

Faire brûler une bonne poignée de rue et une autre de savate et dire le *Je crois en Dieu* trois fois, en faisant le signe de la croix avant et après.

Pour voir la nuit dans une vision ce que vous désirez savoir du passé ou de l'avenir

Le soir avant de vous coucher reproduisez la fig. 11 sur du parchemin vierge. Les deux N.N. indiquent l'endroit où vous devez mettre vos noms ainsi que ce que vous désirez savoir. La place libre entre les deux cercles est destinée à recevoir le nom des anges que vous invoquez. Cela fait, récitez trois fois l'oraison suivante et couchez-vous du côté droit l'oreille sur le parchemin.

Oraison.

O glorieux nom du grand Dieu vivant auquel de tout temps, toutes choses sont présentes ; moi qui suis votre serviteur N. (nommez-vous) Père éternel, je vous supplie de m'envoyer vos anges qui sont écrits dans le cercle et qu'ils me montrent ce que je suis curieux de savoir et apprendre par J.-C. N.-S. Ainsi soit-il.

Pour arrêter un serpent

Jetez après lui un morceau de papier trempé dans une dissolution d'alun et sur lequel vous aurez écrit avec du sang de chevreau: *Arrête belle voilà un gage.* Ensuite vous faites siffler devant lui une baguette d'osier, s'il est touché de cette baguette, il mourra sur-le-champ, ou il fuira promptement.

Pour arrêter chevaux et équipages

Tracez sur du papier noir avec de l'encre blanche le pantacle représenté par la fig. 12 et jeter ce pantacle ainsi tracé à la tête des chevaux disant: *Cheval blanc ou noir de quelque couleur que tu puisses être, c'est moi qui te fais faire, je te conjure que tu n'aies non plus à tirer de tes pieds comme tu fais de tes oreilles, non plus que Beelzébuth peut rompre sa chaîne.* Il faut pour cette expérience un clou forgé pendant la messe de minuit que vous chasserez par où les harnais passent,

A son défaut on prend un mâlon que l'on conjure comme il suit : *Mâlon je te conjure au nom de Lucifer, Beelzébuth et de Satanas les trois princes de tous les diables que tu aies à t'arrêter.*

Pendant trois jours avant celui où vous voudrez faire cette expérience vous aurez soin de ne faire aucune oeuvre chrétienne.

Contre-charme (pour le précédent)

Hostia Sacra verra corrum, en dépoussant le grand diable d'enfer toutes paroles enchantements caractères qui ont été dits, lus et célébrés sur le corps de mes vifs chevaux qu'ils soient cassés et brisés en arrière de moi. Après cela, vous réciterez l'oraison qui commence par ces mots : *Verbe qui avez été fait chair.* (Voir l'Enchiridion.)

Pour sembler être accompagnée de plusieurs

Prenez une poignée de sable et conjurez-la ainsi : *Auachi, Jeovah, Hoelersa, Ozarbel, rets caros sapor aye pora cacotamo lopidon ardagal, margas poston culia buget, Rephar, Solzeth, Karve phaça gludolossales tata,* Mettez le sable ainsi conjuré dans une boîte d'ivoire avec de la peau d'un serpent-tigre en poudre. Puis jetez-le en l'air en répétant la conjuration et il paraîtra autant d'hommes qu'il y a de grains de sable aux jours et heure que le soleil est ait signe de M, la Vierge.

Pour se rendre invisible

Vous volerez un chat noir, et achèterez un pot neuf, un miroir, un briquet, une pierre d'agate, du charbon et de l'amadou, observant d'aller prendre de l'eau, au coup de minuit, à une fontaine. Après quoi, vous allumez votre feu ; mettez le chat dans le pot et tenez le couvert de la main gauche sans jamais bouger, ni regarder derrière vous, quelque bruit que vous entendiez. Après l'avoir fait bouillir vingt-quatre heures, vous le mettez dans un plat neuf ; prenez la viande et la jetez par-dessus l'épaule gauche, en disant : *Accipe quod tibi do, et nihil ampliùs.*

Puis, vous mettrez les os, un à un, sous les dents du côté gauche, en vous regardant dans le miroir ; et si ce n'est pas le bon, vous le jetterez de même, en disant les mêmes paroles jusqu'à ce que vous l'ayez trouvé ; et sitôt que vous ne vous verrez plus dans le miroir, retirez-vous à reculons en disant : *Pater in manus tuas commendo spiritum meum.*

Conservez cet os, hors de la vue de tout profane ; par la suite, il vous suffira de le mettre entre les dents pour vous rendre invisible.

Jarretière pour voyager sans se fatiguer

Sors de ta maison à jeun, marche à ta gauche jusqu'à ce que tu aies trouvé un marchand de rubans et achètes-en une aune de blanc, paye ce que l'on te demandera laisse tomber un liard dans la boutique, et retourne chez toi par ce même chemin. Le lendemain, fais de même jusqu'à ce que tu aies trouvé un marchand de plumes; achètes en une taillée de même que tu as acheté le ruban, et quand tu seras au logis, écris avec ton propre sang sur le ruban les caractères de la ligne fig. 13 pour la jarretière de droite et deux de la fig. 14 pour la jarretière de gauche. Cela fait, sors de ta maison le troisième jourr poite ton ruban et ta plume, marche à ta gauche jusqu'à ce que tu aies trouvé un pâtissier, ou tm boulanger et achète un gâteau ou un pain de deux liards, va ensuite au premier cabaret, demande un demi-setier de vin, fais rincer le verre trois fois par la même personne, romps en trois fois le gâteau ou le pain et mets les 3 morceaux dans le verre avec le vin, prends le premier morceau et jette-le sous la table sans y regarder disant: *Irly pour toi*; prends ensuite le second morceau et jette-le de même en disant: *Terly pour toi*; puis écris de l'autre côté de la jarretière avec ton sang le nom de ces deux esprits. Jette le troisième morceau disant: *Firly pour toi*; jette la plume, bois le vin sans manger, paye l'écot et va-t'en. Etant hors de la ville, mets tes jarretières en prenant bien garde de te méprendre de ne pas mettre celle qui est pour la droite à gauche et vice versa. Cela est de conséquence, Frappe trois fois du pied contre terre en réclamant le nom des esprits; Irly, Terly, Erly, Baltazard, Melchior, Gaspard, marchons! puis fais ton voyage.

Pour ne point se lasser en marchant

Ecrivez sur trois rubans de soie: Gaspard, — Melchior, — Baltazard, — et attachez l'un de ces rubans au-dessus du

genou droit sans le serrer, le second au-
dessus du genou gauche, et le troisième
autour des reins. Avalez avant de vous
mettre en marche un petit verre d'anis
dans du bouillon ou dans du vin blanc et
frottez-vous les pieds avec de la rue écra-
sée dans de l'huile d'olive.

Pour empêcher de manger à table

Plantez sous la table une aiguille qui
ait Servi à ensevelir un mort, et qui soit
entrée dans la chair puis dites : *Coridal
Nardac, Degon*. Mettez ensuite un morceau
d'assa foetida sur un charbon brûlant et
retirez-vous.

Pour gagner au jeu.

Cueillez la veille de Saint Pierre, avant
le soleil levé, l'herbe appellée Morsus
Diaboli ; mettez-la une journée sur la pierre bénite, ensuite, faites-la sécher, mettez-

la en poudre et la portez sur vous. Pour la cueillir, il faut faire le demi-cercle, avec les noms et croix marquée à la figure 15.

Pour gagner au jeu de dés

Dé je te conjure au nom d'Assizer et de Rassise qu'ils viennent Raffle et Rafflie au nom d'Assia et de l'Eugus. Notez bien, qu'il faut que vous soyez porteur du scapulaire formé de feuilles de trèfle comme il est dit ci-àprès.

Pour gagner au jeu

Par un temps orageux, cueillez du trèfle à 4 et 5 feuilles faisant dessus un signe de croix puis dites: *Trifle ou Trèfle large, je te cueille au nom du Père et du Fils et du Saint-Esprit, par la virginité de la Sainte Vierge, par la virginité de saint Jean Baptiste, par la virginité de saint Jean l'Evangéliste, que tu aies à me servir à toutes sortes de jeux.* Il faut dire ensuite

cinq *Pater* et cinq *Ave* puis on continue:
El Aquios Isclliros Atanathos. Vous renfer-
mez ce trèfle dans un sachet de soie noire
que vous porterez comme un scapulaire
chaque lois que vous jouerez. Hors de ce
temps, il faut avoir soin de le serrer soi-
gneusement.

Pour gagner aux loteries

Il faut, avant de se coucher, réciter
trois fois cette oraison; après quoi, vous
la mettrez sous l'oreiller, écrite sur du
parchemin,sur lequel vous aurez fait dire
une messe du Saint-Esprit et, pendant le
sommeil, le génie de votre planète vient
vous dire l'heure où vous devez prendre
votre billet.

Oraison.

*Domine Jesu Christe, qui dixisti: Ego sum
via, veritas et vita; ecce enim veirtatem dlexisti,
incerta et occulta sapientœ tuae manifesta mihi*

adhuc quœ revelet in hâc nocte sicut itâ revelatum
fuit parvulis solis, incognita et ventura anaque
alia me doceas, ut possim omnia cognoscere, si et si
sit ; ita monstra milii mortem ornatam omni cibo
bono, pulchrum et gratum pomarium, aut. quan-
dam rem gratam ; sin autem miuistra mihi ignem
ardentem, vel aquam currentem vel uliam quam-
cunque rem quse Domino placeant et vel Angeli
Ariel, Rubiel, et Barachiel sitis mihi multûm
aniatores et factures ad opus istud obtinendum
qnod cupio scire, videre, cognoscere et prœvidere
per illum Deum qui venturus est judicare vivos et
mortuos, et sœculum per ignem. Amen.

Vous direz trois *Pater* et trois *Ave Maria*,
pour les âmes du purgatoire.

Pour se faire aimer

Tirez de votre sang, un vendredi de
printemps, mettez-le dans un petit pot de
terre neuf vernissé avec les testicules d'un
lièvre et le foie d'une colombe, et faites
sécher le tout dans un four d'où le pain
est tiré. Réduisez-le eu une poudre fine

que vous ferez avaler à la personne sur qui vous avez des dessein, environ la quantité d'une demi-drachme, et si l'effet ne suffit pas à la première fois, relevez jusqu à trois, et vous serez aimé.

Pour faire venir une fille vous trouver, si sage soit-elle: expérience d'une force merveilleuse, des Intelligences supérieures.

Il faut remarquer au croissant, ou au décours de la lune, une étoile très brillante entre onze heures et minuit; Mais avant de commencer, faites ce qui suit.

Prenez du parchemin vierge, écrivez dessus le nom de celle que vous voulez faire venir. Il faudra que le parchemin soit taillé de la façon représentée, ligne première de la présente figure.

Les deux NN. marque la place des noms. De l'autre côté, vous écrirez ces mots: Machidael Barefchas; puis vous mettez le parchemin par terre, le nom de

la personne contre terre, le pied droit dessus et le genou gauche à terre ; lors regardant la plus brillante étoile, faut en main
droite une chandelle de cire blanche qui
puisse durer une heure ; vous direz la salu-
tation suivante.

Conjuration.

*Je vous salue, et conjure, ô belle lune et belle
étoile, ainsi que la brillante lumière que je tiens a
la main, par l'air qui est en moi, et par la terre
que je touche. Je vous conjure, par tous les noms
des Esprits princes qui président en vous, par
le nom ineffable On, qui a tout créé, par toi bel
Ange Gabriel avec le Prince Mercure, Michael
et Melchidael. Je vous conjure de rechef par toutes les appellations de Dieu : que vous envoyiez
obséder, tourmenter, travailler le corps, l'Esprit,
l'âme et les cinq sens de N. dont le nom est écrit
ci-dessous ; de sorte qu'elle vienne vers moi et accomplisse ma volonté, qu'elle n'ait d'amitié pour
personne du monde, en particulier pour N. tant
qu'elle sera indifférente envers moi. Qu'elle ne
puisse durer, qu'elle soit obsédée, qu'elle souffre*

et soit tourmentée. Allez, donc, promptement Melchidael, Bareschas, Zazel, Tiriel, Malcha et tous ceux qui sont sous vos ordres. Je vous conjure, par le grand Dieu vivant, de l'envoyer promptement pour accomplir ma volonté. Moi N. je promets de vous satisfaire.

Après avoir prononcé trois fois cette conjuration, mettez la bougie sur le parchemin et la laissez se consumer. Le lendemain, prenez ledit parchemin et le mettez dans votre soulier gauche, et l'y laissez jusqu'à ce que la personne pour laquelle vous avez opéré soit venue vous trouver.

Il faut spécifier dans la conjuration, le jour que vous souhaitez qu'elle vienne, et elle n'y manquera pas.

Pour faire danser une jeune fille nue

Ecrivez sur du parchemin vierge les caractères de la figure 17 avec le sang de chauve-souris, puis mettez-la sur une pierre bénite pour qu'une messe soit dite dessus. Après quoi, quand vous voudrez vous en servir, placez ce caractère sous le seuil de la porte où doit passer la personne. A peine aura-t-elle fait ce trajet que vous la verrez entrer en fureur et se déshabiller, et elle danserait toute nue jusqu'à la mort, si l'on n'ôtait pas le caractère avec des grimaces et contorsions qui font plus de pitié que d'envie.

Pour empecher la copulation

Pour cette expérience, il faut avoir un canif neuf, puis par un samedi, à l'heure précise du lever de la lune dans son cours, vous tracerez avec la pointe derrière la porte où couchent les personnes, les caractères de la fig. 18, ainsi que les mots *Consuminatum est*, et vous romprez ta pointe du canif dans la porte.

Pour n'être blessé d'aucune arme

Dites trois fois le matin en vous levant et le soir en vous couchant: *Je me lève* (ou je me couche) *au nom de J.-C. qui a été crucifié pour moi, Jésus me veuille bénir, Jésus me Veuille conduire, Jésus me veuille bien garder, Jésus me veuille bien gouverner et conduite à la vie éternelle au nom du Père, du Fils et du Saint-Esprit.* Écrivez sur l'épée ou l'arme dont vous voudrez vous servir ce qui suit: Ibel, Ebel, Abel.

Contre un coup d'épée

Avant d'aller vous battre écrivez sur un ruban n'importe quelle couleur les deux mots Buoni Jacum, serrez-vous le poignet droit avec ce ruban défendez-vous et l'épée de votre ennemi ne vous touchera point.

Pour quand on va à une action
(à la guerre)

Dites cinq *Pater* et cinq *Ave* en l'honneur des 5 plaies de N.-S. puis trois fois
ce qui suit: *Je m'en vais dans la chemise de
Notre-Dame que je sois enveloppé des plaies de
mon Dieu, des 4 couronnes du ciel de saint Jean
l'Evangéliste, saint Luc, saint Mathieu et saint
Marc; qu'ils me puissent garder que ni homme
ni femme, ni plomb, ni fer, ni acier, ne me puissent blesser, tailler, ni mes os briser, à Dieu paix.*
Ensuite, vous avalez les mots suivants
écrits sur de la moëlle blanche. *Est principio
est inpricipio est en verbum Deum es tu phautu.*
C'est pour vingt-quatre heures.

Contre l'arme à feu

*Astre qui conduis l'arme aujourd'hui que je
te charme gige te dis-je que tu m'obéisses au nom
du Père et du Fils et Satanis.* Faites un signe
de croix.

Pour charmer les armes à feu

Il faut dire en prenant l'arme : *Dieu y ait part et le diable la sortie,* et lorsqu'on met en joue en croisant la jambe gauche sur la droite : *non tradas Dominum Nostrum Jesum Christum Mathon Amen.*

Pour faire rater une arme

Prenez une pipe de terre neuve et garnie de1 son couvre-feu eu laiton, remplissez-la de racine de Mandragore en poudre, puis soufflez le tuyau en prononçant en vous-même : *Abla, Gat, Bâta, Bâta bleu.*

QUATRIEME PARTIE

LA MAIN DE GLOIRE

LA POULE NOIRE

LE GRAND EXORCISME

La Main de Gloire

Vous donnant à volonté de l'or et de l'argent

Arrachez le poil avec sa racine d'une jument en chaleur le plus près de la nature en disant: *Dragne, Dragne,* serrez ce poil. Allez aussi acheter un pot de terre neuf avec son couvercle sans marchander. Retournez chez vous, emplissez ce pot d'eau de fontaine à deux doigts près du bord et mettez le dit poil dedans, couvrez le pot et mettez-le en lieu que vous ni autres ne le puissiez voir car il y aurait du danger.

Au bout de neuf jours et à la même heure que vous l'avez caché allez découvrir le pot: vous trouverez dedans un petit animal en forme de serpent qui se dressera debout et auquel vous direz aussitôt: *J'accepte le Pacte.* Cela fait vous le prendrez sans le toucher de la main, et le mettrez dans une boîte neuve achetée exprès, sans marchander. Vous lui donnerez du son de froment point autre chose mais il ne faut pas manquer de lui eu donner tous les jours. Quand vous voudrez avoir de l'argent ou de l'or, vous en mettrez dans la boîte autant comme vous en voudrez avoir et vous vous coucherez sur votre lit mettant votre boîte près de vous, Dormez si vous voulez 3 ou 4 heures et au bout de ce temps vous y trouverez le double d'argent que ce que vous y auriez mis mais il faut prendre garde d'y remettre le même.

Notez que la petite figure en forme de serpent ne vient que par la force du charme et que vous ne pouvez pas lui mettre plus de cent livres à la fois. Si cependant votre planète vous donne un ascendant sur les choses surnaturelles le serpent aura un visage approchant de la figure humaine et vous pourrez alors lui mettre jusqu'à mille livres, tous les jours, vous en tirerez

le double. Si on veut s'en défaire on peut
le donner à qui l'on voudra pourvu que
la personne à qui ou l'offrira, l'accepte.
Autrement on tracera les signes et caractères de la fig. 19 sur du parchemin vierge
que l'on mettra dans la boîte et l'on don-
nera au petit animal au lieu du son ordi-
naire de froment, du son sorti de la farine
sur laquelle le prêtre aura dit sa première
messe et il mourra. Prenez bien garde de
n'oublier, aucune circonstance ; car il n'y a
point de raillerie à cette affaire.

La Poule Noire

Prenez une poule noire qui n'ait jamais pondu et qu'aucun coq n'ait approchée, faites en sorte, en la prenant de ne la point faire crier et pour cela vous irez à il heures du soir lorsqu'elle dormira la prendre par le cou que vous ne serrerez qu'autant qu'il le faudra pour l'empêcher de crier; rendez-vous sur un chemin dans l'endroit où deux routes se croisent là à minuit sonnant faites un rond avec une baguette de cyprès, mettez-vous au milieu et fendez le corps de la poule en deux en prononçant ces mots par trois fois : *Eloïm, Essaïm, Frugativi, et appelavi.*

Tournez ensuite la face vers l'Orient, agenouillez-vous et dites une oraison, cela fait, vous verrez la grande appellation; alors l'esprit immonde vous apparaîtra, d'un habit écarlate galonné vêtu d'une veste jaune et d'une culotte vert d'eau, Sa tête qui ressemblera à celle d'un chien à oreilles d'âne sera surmontée de deux cornes, ses jambes et ses pieds seront comme ceux d'une vache. Il vous demandera vos ordres, vous les lui donnerez comme vous le jugerez bon car il ne pourra plus se refuser de vous obéir et vous pourrez vous rendre le plus riche et par conséquent le plus heureux de tous les hommes.

LE GRAND EXORCISME

Pour déposséder la Créature
humaine ou les Animaux
irraisonnables

Démon, sors du corps de N. par le
commandement du Dieu que j'adore, et
fais place au St. Esprit. Je mets le signe de
la sainte croix de notre Seigneur J. C. sur
votre front. Au nom du Père, et du Fils,
et du Saint-Esprit. Je fais le signe de la
croix de N.-S. J.-C. dessus votre poitrine.
Au nom du Père, et du Fils, et du Saint-
Esprit. Dieu éternel et tout-puissant, Père
de N.-S. J.-C., jetez les yeux de votre mi-
séricorde sur votre serviteur N. que vous
avez daigné appeler au droit de la foi,
guérissez son cœur de toutes sortes d'élé-
ments et de malheurs, et rompez toutes

ses chaînes et ligatures ; ouvrez, Seigneur, la porte de votre gloire par votre bonté, afin, qu'étant marqué du sceau de votre sagesse, il soit exempt de la puanteur, des attaques et des désirs de l'Esprit immonde ; et qu'étant rempli de la bonne odeur de vos bontés et de vos grâces, il observe avec joie vos commandements dans votre Eglise ; et en s'avançant de jour en jour dans la perfection, il soit rendu digne d'avoir reçu le remède salutaire à ses fautes, par votre saint baptême, par les mérites du même J.-C. N.-S. et Dieu : Seigneur, nous vous supplions d'exaucer nos prières, de conserver et protéger ce qu'un amour charitable vous a fait racheter au prix de votre sang précieux, et par la vertu de votre sainte croix, de laquelle nous sommes marqués. Jésus protecteur des pauvres affligés, soyez propice au peuple que vous avez adopté, nous faisant participants du nouveau testament, afin que les lettres de la promesse soient exaucées, d'avoir reçu par votre grâce ce qu'ils ne peuvent espérer que par vous J.-C. N.-S., qui êtes notre recours, qui avez fait le ciel et la terre. Je t'exorcise, créature, au nom de Dieu, le Père tout-puissant, et par l'amour que N. C. J. B. porte, et par la vertu du Saint-Esprit; je t'exorcise par le grand Dieu vivant, qui est le vrai Dieu que j'adore, et par le Dieu qui t'a créé, qui a conservé tous ses élus, qui a commandé à ses serviteurs de le bénir, pour l'utilité de ceux qui croient en lui, afin que tout devienne un Sacrement salutaire pour chasser l'ennemi. C'est pour cela, Seigneur notre Dieu, que nous vous supplions de sanctifier ce sel par votre sainte bénédiction, et de le rendre un parfait remède pour ceux qui le recevront; qu'il demeure dans leurs entrailles, afin qu'elles soient incorruptibles, au nom de N.-S. J.-C. qui doit juger les vivants et les morts, et par le sceau du Dieu d'Abraham, du Dieu d'Isaac, du Dieu de Jacob, du Dieu qui est montré à son serviteur Moïse sur la montagne de Sinaï, qui a tiré les enfants d'Israël de l'Egypte, leur donnant un Ange pour les protéger et les conduire de jour et de nuit. Je vous

prie aussi, Seigneur, d'envoyer votre saint
Ange pour protéger votre serviteur N. et
le conduire à la vie éternelle, en vertu de
votre saint Baptême. Je t'exorcise, Esprit
impur et rebelle, au nom de Dieu le Père,
de Dieu le Fils, de Dieu le Saint-Esprit ; je
te commande de sortir du corps de N., je
t'adjure de te retirer au nom de celui qui
donna la main à Saint Pierre, lorsqu'il était
près d'enfoncer dans l'eau. Obéis, maudit
Démon, à ton Dieu et à la sentence qui est
prononcée contre toi, et fais honneur au
Dieu vivant, fais honneur au Saint-Esprit
et à JC. Fils unique du père. Retire-toi, serpent antique, du corps de N. parce que le
grand Dieu te le commande ; que ton or-
gueil soit confondu et anéanti devant l'en-
seigne de la sainte croix, de laquelle nous
sommes signés par le baptême et la grâce
de JC. Pense que le jour de ton supplice
approche, et que des tourments extrêmes
t'attendent ; que ton jugement est irrévo-
cable, que ta sentence te condamne aux
flammes éternelles ainsi que tous tes compagnons, pour votre rébellion envers votre

Créateur. C'est pourquoi, maudit Démon, je t'ordonne de fuir de la part du Dieu que j'adore; fuis par le Dieu Saint, par le Dieu vrai, par celui qui a dit, et tout a été fait: rends honneur au Père, au Fils et au Saint-Esprit, et à la très sainte et très indivisible Trinité. Je te fais commandement, Esprit sale, et qui que tu sois, de sortir du corps de cette créature N. créée de Dieu, lequel Dieu mène est N.-S. J.-C. qu'il daigne aujourd'hui, par son infinie bonté, t'appeler à la grâce de participer à ses saints Sacrements qu'il a institués pour le salut de tous les fidèles; au nom de Dieu, qui jugera tout le monde par le feu.

Voilà la croix de N.-S. J.-C. † Fuyez, parties adverses, voici le lion de la tribu de Juda, racine de David.

CINQUIEME PARTIE

ORAISONS

Actions de grâce

Dieu Tout-Puissant, père céleste, qui as créé toutes choses pour le service et l'utilité des hommes, je te rends de très humbles actions de grâces de ce que, par ta grande bonté, tu as permis que, sans risque, je puisse faire pacte avec un de tes esprits rebelles et le soumettre à me donner tout ce dont je pourrais avoir besoin.

Je te remercie, ô Dieu Tout-Puissant, du bien dont tu m'as comblé pendant cette nuit; daigne accorder à moi, chétive créature, tes précieuses faveurs; c'est à présent, ô grand Dieu! que j'ai connu toute la force et la puissance de tes grandes promesses, lorsque tu nous as dit: Cherchez, vous trouverez; frappez et l'on vous ouvrira.

Et comme tu nous as ordonné et recommandé de soulager les pauvres, daigne, grand Dieu, m'inspirer de véritables sentiments de charité, et fais que je puisse répandre sur une aussi sainte oeuvre une grande partie des biens dont la grande Divinité a bien voulu que je fusse comblé.

Fais, ô grand Dieu! que je jouisse avec tranquillité de ces grandes richesses dont je suis possesseur, et ne permets pas qu'aucun esprit rebelle me nuise dans la jouissance des précieux trésors dont tu viens de permettre que je sois le maître.

Inspirez-moi aussi, ô grand Dieu! les sentiments nécessaires pour pouvoir me dégager des griffes du démon et de tous les esprits malins. Je me mets, grand Dieu le Père, Dieu le Fils et le Saint-Esprit, en votre sainte protection.

Amen.

Pour se garantir
Des mauvais esprits

O Père Tout-Puissant! O mère, la plus tendre des Mères! O Exemplaire admirable des sentiments et de la tendresse des mères! O fils, la fleur de tous les fils! O forme de toutes les formes! Ame, esprit, harmonie et nombre de toutes choses, conservez-nous, protégez-nous, conduisez-nous, et soyez-nous propice.

Amen.

Pater

Pater noster, qui es in caelis
sanctificetur nomen tuum
adveniat regnum tuum
fiat voluntas tua
sicut in caelo et in terra.
Panem nostrum quotidianum
da nobis hodie
et dimitte nobis debita nostra
sicut et nos dimittimus
debitoribus nostris
et ne nos inducas in tentationem
sed libera nos a malo.
Amen.

Ave

Ave Maria, gratia plena
Dominus tecum
Benedicta tu in mulieribus;
Et benedictus fructus ventris tui,
Jesus!
Sancta Maria, Mater Dei,
Ora pro nobis, peccatoribus,
Nunc, et in ora mortis nostræ.

Veni Creator

Veni, creator, Spiritus,
Mentes tuorum visita,
Imple superna gratia
Quae tu creasti pectora.

Qui diceris Paraclitus,
Altissimi donum Dei.
Fons vivus, ignis, caritas
Et spiritalis unctio.

Tu septiformis munere,
Digitus paternae dexterae.
Tu rite promissum Patris,
Sermone ditans guttura.

Accende lumen sensibus
Infunde amorem cordibus,
Infirma nostri corporis
Virtute firmans perpeti.

Hostem repellas longius
Pacemque dones protinus;
Ductore sic te praevio
Vitemus omne noxium.

Per te sciamus da Patrem,
Noscamus atque Filium;
Teque utriusque Spiritum
Credamus omni tempore.

Deo Patri sit gloria,
Et Filio, qui a mortuis
Surrexit, ac Paraclito
In saeculorum saecula.
Amen.

Je crois en Dieu

Je crois en Dieu, le Père tout-puissant, créateur du ciel et de la terre.

Et en Jésus Christ, son Fils unique, notre Seigneur,

Qui a été conçu du Saint-Esprit, est né de la Vierge Marie,

A souffert sous Ponce Pilate, a été crucifié, est mort et a été enseveli,

Est descendu aux enfers,

Le troisième jour est ressuscité des morts, est monté aux cieux,

Est assis à la droite de Dieu le Père tout-puissant,

D'où il viendra juger les vivants et les morts.

Je crois en l'Esprit Saint,

À la sainte Église catholique, à la communion des saints,

À la rémission des péchés, à la résurrection de la chair,

À la vie éternelle.

Amen.

Table

DEUXIEME PARTIE — CHARMES & CONTRE-CHARMES

LE DRAGON NOIR

Ou Les Forces Infernales Soumises À L'homme

Made in the USA
Las Vegas, NV
06 June 2024

90770243R00079